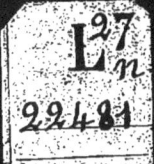

BIOGRAPHIE

DE

PROSPER-CHARLES SIMON

CHEVALIER DE LA LÉGION D'HONNEUR,
CHEVALIER DE L'ORDRE PONTIFICAL DE SAINT-SYLVESTRE ET DE PLUSIEURS AUTRES ;
ORGANISTE DU CHAPITRE IMPÉRIAL DE SAINT-DENIS,
DE L'ÉGLISE NOTRE-DAME-DES-VICTOIRES ET DE LA CHAPELLE DU PALAIS DU LUXEMBOURG ;
MEMBRE DE L'INSTITUT HISTORIQUE DE FRANCE,
DE LA SOCIÉTÉ DE LA REVUE DE MUSIQUE SACRÉE ANCIENNE ET MODERNE ;
PROFESSEUR D'HARMONIE ET D'ORGUE A LA MAISON IMPÉRIALE
DE LA LÉGION D'HONNEUR

Décédé à Paris, le 31 Mai 1866

PAR

J.-B. DUMOULIN

SON COMPATRIOTE ET SON AMI

> « Le génie du poète et de l'artiste se consume
> « sur le bûcher de la vie pour illuminer les hom-
> « mes et honorer Dieu......
> « L'amitié pour un ami reste, après sa perte,
> « au fond du cœur, comme une lie de regrets.....
> « qu'on ne remue jamais en vain..... »
> LAMARTINE.

PARIS

CHEZ L'AUTEUR, 18, RUE FAVART

1866

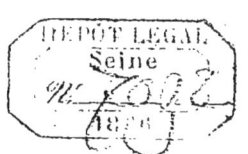

BIOGRAPHIE

DE

PROSPER-CHARLES SIMON

PARIS
IMPRIMERIE BALITOUT, QUESTROY ET Cⁿ,
7, rue Baillif et rue de Valois, 18

SOUVENIR de Mme Vve SIMON et de ses ENFANT

Lith. Masson, rue de Valois, 48, (Palais Roya

BIOGRAPHIE

DE

PROSPER-CHARLES SIMON

CHEVALIER DE LA LÉGION D'HONNEUR,
CHEVALIER DE L'ORDRE PONTIFICAL DE SAINT-SYLVESTRE ET DE PLUSIEURS AUTRES;
ORGANISTE DU CHAPITRE IMPÉRIAL DE SAINT-DENIS,
DE L'ÉGLISE NOTRE-DAME-DES-VICTOIRES ET DE LA CHAPELLE DU PALAIS DU LUXEMBOURG;
MEMBRE DE L'INSTITUT HISTORIQUE DE FRANCE,
DE LA SOCIÉTÉ DE LA REVUE DE MUSIQUE SACRÉE ANCIENNE ET MODERNE;
PROFESSEUR D'HARMONIE ET D'ORGUE A LA MAISON IMPÉRIALE
DE LA LÉGION D'HONNEUR

Décédé à Paris, le 31 Mai 1866

PAR

J.-B. DUMOULIN

SON COMPATRIOTE ET SON AMI

> « Le génie du poète et de l'artiste se consume
> « sur le bûcher de la vie pour illuminer les hom-
> « mes et honorer Dieu......
> « L'amitié pour un ami reste, après sa perte,
> « au fond du cœur, comme une lie de regrets.....
> « qu'on ne remue jamais en vain..... »
> LAMARTINE.

PARIS

CHEZ L'AUTEUR, 18, RUE FAVART

1866

BIOGRAPHIE

DE

PROSPER-CHARLES SIMON

Chevalier de la Légion d'honneur, chevalier de l'Ordre pontifical de Saint-Sylvestre et de plusieurs autres; — organiste du Chapitre impérial de Saint-Denis, de l'église Notre-Dame-des-Victoires et de la chapelle du palais du Luxembourg; — membre de l'Institut historique de France, de la Société de la Revue de Musique sacrée ancienne et moderne; — professeur d'harmonie et d'orgue à la maison impériale Napoléon, etc., etc.;

DÉCÉDÉ A PARIS, LE 31 MAI 1866.

Prosper-Charles Simon naquit à Bordeaux le 27 décembre 1788 d'une famille des plus honorables; il montra, dès sa plus tendre jeunesse, des dispositions très-grandes pour la musique et pour la peinture.

Il reçut un commencement d'éducation musicale de M. Beck, alors chef d'orchestre du grand théâtre de Bordeaux, musicien d'un grand mérite, qui lui avait reconnu du goût pour le piano, instrument très-peu répandu à cette époque. Sa jeune intelligence se développa promptement. Arrivant dans le monde au moment de la tourmente révolutionnaire, quand on songeait si peu à l'instruction de la jeunesse, il fut obligé de se suffire à lui-même. Il mit à s'instruire la même ardeur que les jeunes gens montraient alors pour les armes. Doué d'un physique agréable, d'un caractère enjoué et sympathique, il fut partout accueilli de la manière la plus affectueuse.

1801. — Lors du Concordat une main puissante arrêta le désordre, releva les églises et les autels; la religion de nos pères fut rendue à la France, le culte catholique reprit sa force, son honneur et sa gloire. Le jeune Charles Simon, dont les principes religieux avaient été cultivés et entretenus avec tant de sollicitude pendant ces jours de troubles, livra son cœur chrétien à la musique sacrée, qui élève l'âme vers son Créateur et donne à l'homme de si grandes consolations dans la vie.

1802. — Il avait à peine atteint quatorze ans lorsque l'amour de son art se développa en lui avec une telle vigueur, que le jeune élève de M. Beck fut appelé à remplir les fonctions d'organiste titulaire de l'église Sainte-Croix de Bordeaux, sa paroisse. Il prenait, à ce titre, la succession du Père Placide, bénédictin qui aimait beaucoup le jeune Simon et qui ne l'abandonna pas. Alors il continua sa carrière sous le sacerdoce successif de MM. les abbés Larrieu et Bournazeau, curés de cette église. Il occupa ce poste jusqu'en 1806. Sa réputation devint très-grande ; on s'empressait d'aller l'entendre, et, dans la ville, on ne parlait que du précoce talent de l'organiste.

C'est à cette époque que Simon perdit son père, et qu'il devint le seul soutien de sa famille.

Il partageait son temps entre le professorat et une maison de commerce où il occupait un modeste emploi.

Plus tard il voyagea avec son activité ordinaire pour cette même maison. Comme ses occupations l'éloignaient de son cher piano, il prit le parti de se livrer tout entier à ses leçons et à la culture de son art favori.

Nous ne devons pas laisser passer sous silence un rapprochement bien remarquable, à propos du Père Placide : à l'époque de la Terreur, M. Simon père, qui était loin de partager les idées de ces malheureux temps, avait su cacher au fond de sa conscience les sentiments d'honneur et de probité dont il était animé.

Un jour, dans le fort de ces implacables haines contre tout ce qui était bien, quelques hommes chargés par le tribunal révolutionnaire d'aller faire une visite à l'abbaye des Bénédictins de Sainte-Croix, qui faisait partie de l'église, et de s'assurer du nombre des Bénédictins qui pouvaient encore s'y trouver. M. Simon père, qui en était voisin, étant devant sa porte, reconnut quelques-uns de ces hommes, et les aborda. Ils lui dirent le motif de leur mission. Alors Simon père les engagea avec instance à venir déjeuner chez lui, ce qu'ils acceptèrent. Pendant les apprêts et la durée de ce repas, Simon chargea sa femme d'aller en secret prévenir les frères Bénédictins de fuir et d'emporter les papiers qui pourraient les compromettre, ce qui fut exécuté avec la plus grande promptitude. Tandis que Simon père amusait ses hôtes, le Père Placide, qui était au nombre des fuyards, fut ainsi préservé de la mort. Après le déjeuner, ces hommes se rendirent à l'abbaye et n'y trouvèrent personne.

Des jours plus calmes succédèrent, le Père Placide reparut et reprit en 1801 son orgue de Sainte-Croix, voua une grande amitié à la famille Simon et guida quelque temps le jeune Charles, tout en lui cédant son orgue en 1802. Charles Simon avait la certitude que le Père Placide, bénédictin de l'abbaye de Sainte-Croix de Bordeaux, était venu habiter l'abbaye des Bénédictins de Saint-Denis, où il mourut.

Charles Simon, qui avait une foi si vive dans les desseins de la Providence, crut voir la volonté de Dieu dans sa nomination d'organiste de Saint-Denis, par l'intercession de son protecteur.

Il aimait à parler de cette coïncidence, et le nom du Père Placide lui revenait sans cesse à l'esprit. N'est-ce pas par un un hasard providentiel que ce nom, qu'il avait pris au début de sa vie à Bordeaux, se produisit soixante-quatre années après, au moment même où allait finir sa noble et laborieuse carrière rue Saint-Placide à Paris?

1807. — Charles Simon, de retour de ses voyages, fut appelé à remplir les fonctions d'organiste titulaire de l'église paroissiale de Saint-Seurin de Bordeaux, fonctions qu'il garda jusqu'en 1808.

1808. — En cette année, la conscription l'arracha à ses paisibles travaux et le retint jusqu'en 1811.

1811. — Nous voyons, à cette époque, Charles Simon reprendre avec une infatigable ardeur son culte pour les arts ; il pratiqua avec bonheur la musique, le dessin et la peinture, qu'il faisait marcher de front. Nous retrouvons avec plaisir, dans nos recherches, les détails d'une distribution de prix de toutes les écoles de Bordeaux, faite au lycée et présidée par Monseigneur l'Archevêque Dubois de Sanzai (de sainte et heureuse mémoire), et M. Duplantier, préfet du département. Après les discours d'ouverture, M. Abbal, censeur des études, proclama le nom des élèves qui avaient obtenu des prix et des accessits. Nous voyons sur la liste du prospectus du lycée :
Dessins d'après nature (Académie), 1ᵉʳ prix, M. Alaux ; 2ᵉ prix, M. Monvoisin ; accessit, M. Charles Simon.
En cette même année, il fut nommé membre de l'Athénée de Bordeaux présidé par M. de Montaigne et ayant M. Dargelas pour secrétaire (1).
Il reçut aussi, dans cette même année, son diplôme de membre de la section philharmonique *et de la Société Philomatique du Museum d'instruction publique de Bordeaux* (2).

---

(1) Diplôme du 1ᵉʳ janvier 1811.
(2) Diplôme du 12 août 1811.

Enfin il reprit son service d'organiste à l'église Saint-Seurin, qu'il garda jusqu'en 1825.

Grandissant toujours dans son art et pratiquant divers instruments qui lui étaient familiers, il entra dans un concours et fut nommé membre de symphonie pour la musique sacrée à l'église cathédrale de Saint-André de Bordeaux.

A cette époque, il y avait dans cette ville un grand nombre de prisonniers noirs provenant de l'évacuation de Saint-Domingue (année 1796-1797), qui furent transportés en France et internés à Bordeaux dans l'ancien couvent des Capucins, le Fort-Louis et les vastes locaux du couvent des Chartreux. Ces pauvres gens, éloignés de leur patrie, étaient tombés dans une profonde mélancolie. Le jeune Charles, touché de leur tristesse, apprit à jouer du violon et composa pour ces malheureux des chants et des danses. Ce genre de spectacle amusait beaucoup les Bordelais, qui venaient en foule les entendre et les secourir.

Nous trouvons sur ce sujet trois certificats légalisés et en bonne forme, émanant des autorités de la ville de Bordeaux. Nous nous bornons à en donner un :

« Nous soussignés, déclarons que les prisonniers nègres
« étant internés à Bordeaux dans le couvent des Capucins,
« le Fort-Louis et les vastes locaux des Chartreux, le jeune
« Charles Simon, habitant la paroisse Sainte-Croix, a appris
« exprès de l'habile M. Ris, professeur de musique, à jouer du
« violon, et cela afin de rendre l'existence de ces malheureux
« plus supportable ; que leur ayant composé des chants et des
« danses il les faisait danser avec leurs femmes et leurs enfants
« deux fois par semaine, le jeudi et le dimanche ; que ces
« petites fêtes improvisées par le jeune Charles Simon contri-
« buèrent beaucoup à rendre le calme et la joie à ces pauvres
« exilés, et que le jeune Charles Simon n'a cessé ses bons
« offices pour eux qu'après qu'une partie eut trouvé une occu-
« pation volontaire en France, et que l'autre partie eut rejoint
« ses foyers.

« En foi de quoi, etc., etc. »

1814. — La paix, qui se fit sentir à la France avec tant d'ivresse et de bonheur, rendit à Simon la liberté de professer son industrie et de se livrer à ses goûts. La garde nationale de Bordeaux était admirablement organisée à cette époque. Charles Simon y fut nommé maître de musique (cornet-bassette comme il l'avait été en 1813, dans la garde mobile. Nous lisons, à ce sujet, dans le journal la *Réforme musicale,* du 2 novembre 1863, un article de M. Louis Roger, rédacteur en chef de cette feuille, qui nous apprend que Simon avait eu l'occasion de rendre à Galin (célèbre auteur de la musique en chiffres) un service signalé, en le faisant entrer comme second cor parmi ses exécutants. Il le mettait ainsi à l'abri d'un de ces redoutables rappels qui atteignaient alors ceux même des jeunes gens dont le remplacement avait été payée jusqu'à trois fois. Mais laissons parler M. Louis Roger :

« Me trouvant un jour chez Charles Simon, je prenais plaisir à l'entendre raconter diverses particularités se rattachant à une foule d'hommes illustres qu'il avait connus lorsque, s'interrompant tout à coup : « A propos, dit-il, je pourrais vous parler de Galin ; ah ! le brave jeune homme, je le vois encore : grand, maigre, pâle, des lunettes. Il était malade de la poitrine, et il me fit le récit que je vais transcrire de mon mieux :

« C'était en 1813, Charles Simon se trouvait à Bordeaux, où il occupait l'emploi de chef de musique de la garde nationale mobile ; les éventualités de la guerre étaient loin de rassurer les populations, tout ce qui était jeune et valide était appelé sous les drapeaux. Les hommes d'un âge mûr, enrôlés dans les rangs de la garde mobile, étaient désignés pour marcher aux frontières. Ceux qui croyaient que leur présence était plus utile au foyer que sur un champ de bataille avisaient aux moyens de se soustraire au recrutement. Quelques-uns sollicitaient un modeste emploi dans un corps de musique ; celui de la ville de Bordeaux était plus particulièrement l'objet de convoitises qui assiégeaient Ch. Simon. Il en vint un que recommandaient tout spécialement une lettre du docteur Cornilh aîné, et un billet de M. le comte de Fumel, capitaine. Voici la copie exacte de ces deux pièces conservées avec soin par Ch. Simon.

« Bordeaux, 7 août 1813.

« Mon ami,

« M. Galin, répétiteur au lycée, est appelé pour la garde
« nationale mobile ; il mérite, sous plus d'un rapport d'être
« exempté ; on n'a eu aucun égard à ses justes réclamations ; il
« désire entrer dans la musique de cette garde, tu en es le
« maître, ainsi il dépend de toi de l'y admettre ; je te prie
« donc de ne pas différer de lui accorder la faveur qu'il sol-
« licite et que je te demande pour lui. J'ose croire que tu ne
« me refuseras pas.

« Adieu, tout à toi.

« CORNILH aîné,

« Docteur médecin. »

« M. de Fumel verrait avec plaisir que M. Galin, professeur
« au lycée, fût admis dans la légion, et prie M. Simon de
« vouloir bien l'agréer.

« Comte de FUMEL. »

Ch. Simon était tout disposé à mettre un instrument dans les mains du protégé de son capitaine ; seulement il existait un obstacle : Galin lui avait dit qu'il n'était pas musicien et qu'il ne jouait d'aucun instrument, mais Simon eut l'idée de lui demander s'il voulait jouer du cor. Galin accepta avec joie et le cœur plein de reconnaissance ; trois semaines après sa réception, il venait prendre place dans les rangs de la musique et s'acquittait à merveille de sa partie. Galin, qui était toujours souffrant fut obligé un peu plus tard de garder le lit ; on envoya prendre chez lui la partie de cor pour la confier à un autre. Quel ne fut pas l'étonnement du chef lorsqu'il vit que tous les cartons de Galin étaient couverts de chiffres, tout le corps de musique en fut stupéfié.

« Galin guérit et reprit sa place qu'il occupa jusqu'en 1816.

« On sait quels furent les événements de cette époque. Sans l'honorable M. Charles Simon, Galin fût parti pour l'armée infailliblement, et serait mort peut-être sur le champ de bataille de Lutzen ou de Bautzen avant d'avoir publié son livre; il a fallu la rencontre d'un homme de cœur pour que le jeune et hardi novateur fît son œuvre, et dotât le monde des grandes découvertes dont nos lecteurs connaissent tous les progrès.

« Charles Simon retrouva Galin à Paris, où il avait ouvert ses cours rue Louis-le-Grand. Galin, qui n'avait pas oublié son bienfaiteur, alla lui faire sa visite, etc., etc. »

A cette époque, le célèbre tragédien Lafon faisait ses premières armes à Bordeaux. Jeune alors, il attirait à lui la jeunesse bordelaise, à laquelle il donna le goût de l'art dramatique; celui de la musique se répandait également; une société de jeunes hommes se forma et devint assez nombreuse. Les chefs-d'œuvre de nos auteurs anciens et modernes y étaient interprétés avec quelque mérite. On trouvait parmi ces jeunes artistes, Lavigne, qui conquit une place des plus distinguées à l'Académie royale de Musique; Ligier, qui obtint de la célébrité à côté de Talma au Théâtre-Français; Marcelin Lafond, qui eut aussi la renommée (hélas! trop courte) à l'Académie royale de Musique; Chéry Lafond, qui fait encore aujourd'hui les délices du Gymnase; Andrieu, qui a brillé si longtemps sur le Théâtre de Rouen; Lafitte, de la Comédie-Française, aujourd'hui légionnaire comme auteur; Thénot, E. Bardou et J.-B. Dumoulin. Une réunion de musiciens d'élite forma un orchestre des plus remarquables. Là figuraient les Mercier, les Charbonnier, Dacosta, les frères Meu, Rocherau, Faure, etc., etc. Charles Simon, qui jouait du violon avec grand succès, fut choisi pour chef d'orchestre : Bordeaux sera toujours fier de ces noms.

1825. — Ce fut dans le courant de cette année que Charles Simon se dirigea vers la capitale, où il reçut les soins et les leçons de Reicha, dont il fut bientôt apprécié. Il travailla avec ardeur et ne tarda pas à se faire connaître. Il composa, à cette époque, un *Te Deum* qui lui fit grand honneur et qui fut exécuté le samedi 22 octobre 1825, à l'occasion de la fête de Notre-Dame des Victoires. Un grand concours d'amateurs et d'artistes s'était rendu à cette église. Charles Simon reçut mille félicitations. On avait remarqué son jeu vigoureux et l'expression qu'il avait dans ses récits de flûte et de hautbois. Son succès fut immense. La presse d'alors en parla avec le plus grand éloge; nous citons avec plaisir ce qu'en disait *le Constitutionnel* du 27 octobre 1825 :

« Un jeune organiste d'un talent très-distingué, M. Charles Simon, qui s'exerce depuis longtemps sur l'orgue, a exécuté samedi dernier, à l'église Notre-Dame-des-Victoires, un *Te Deum* qui avait réuni une grande partie des amateurs et des professeurs de Paris, qui étaient accourus; ils avaient mis d'autant plus d'empressement à ne pas manquer cette cérémonie, que M. Simon improvise. L'artiste, dans un concerto en sol, a très-bien imité des effets d'orchestre, on a entendu des solos fort nets et il y a eu un effet d'écho qui nous a paru ne rien laisser à désirer. Au verset *Judex*, M. Simon a fait éclater tous les signes de la colère du Très-Haut; on a entendu gronder le tonnerre, il semblait que la pluie tombât par torrents et que tout allait se confondre et s'abîmer dans un chaos universel; enfin, le ciel est devenu plus doux, le musicien s'est apaisé, et sous ses doigts habiles une harmonie gracieuse a succédé à des éclats et à un bruit savants.

« Cet artiste est renommé parmi ses pareils, et ils ne négligent aucune occasion de l'entendre, parce qu'il sort de la route battue; il a abandonné une routine usée et fait faire à l'orgue un pas immense, des improvisations qui maintenant paraissent naturelles, mais qui n'étaient pas tentées par les plus grands maîtres parce qu'ils les croyaient impossibles: rien n'est impossible au talent uni au travail; c'est ce que prouve M. Simon, et ce dont il a reçu la récompense dans les félicitations dont il a été accablé; il paraît destiné à

« prendre rang parmi les plus célèbres organistes et à con-
« quérir de brillants succès. »

A ce jugement du *Constitutionnel* sur le talent de Charles Simon, on pourrait ajouter l'opinion d'une foule d'autres organes de la publicité qui se plaisaient à l'encourager de leurs éloges. C'étaient entre autres : *la Gazette de France, le Journal du Commerce, la France Musicale, le Corsaire*, etc., mais l'espace nous manque pour citer leurs récits élogieux.

1826. — Il est nommé organiste titulaire de l'église Notre-Dame-des-Victoires, poste qu'il occupa jusqu'à sa mort.

1827. — Il est admis comme professeur d'orgue et d'harmonie à la maison royale des Dames-de-la-Légion-d'Honneur à Saint-Denis, position qu'il a toujours conservée depuis.

1840. — Sa réputation ayant grandi avec son talent, et sur le rapport adressé à S. Exc. M. le ministre de la justice et des cultes, par le vénérable abbé Dufriche-Desgenettes, curé de Notre-Dame-des-Victoires, déclarant que :

« Le sieur Prosper-Charles Simon, depuis son enfance,
« a consacré ses talents à l'embellissement et à la pompe des
« solennités religieuses, ce qui lui a mérité l'estime de tout le
« clergé de France. »

S. Exc. M. le ministre des cultes, par arrêté du 1ᵉʳ octobre 1840, nomme Charles Simon, organiste du chapitre royal de Saint-Denis, et lui confie le soin de l'orgue.

Ce magnifique instrument, auquel M. Cavaillé-Coll avait apporté tous les perfectionnements dus à son génie, fixa l'attention du monde musical et agrandit encore la réputation de Charles Simon. Écoutons, par exemple, ce qu'en dit M. l'abbé Lamazou dans son savant Opuscule sur l'orgue :

« M. Ch. Simon a rendu les plus précieux services à la

« facture moderne, autant par son génie artististique que par
« son infatigable activité à la propager à Paris et dans les
« départements. Son nom est irrévocablement identifié à
« l'orgue de Saint-Denis, car ce royal instrument eut le bon-
« heur de trouver à son apparition un éloquent et digne
« interprète. Après avoir mesuré d'un œil attentif et cal-
« culé avec une profonde justesse les immenses ressources
« qu'offrait à la verve et à l'imagination de l'artiste l'œuvre
« de M. Cavaillé, M. Simon se mit à l'œuvre et l'orgue de
« Saint-Denis, sous le souffle de l'inspiration chrétienne,
« rendit des accents qui arrachent à l'auditeur saisi un cri
« d'enthousiasme. Pour la première fois on entendit tout ce
« que les larges idées d'un artiste hors ligne et les pieux
« élans d'une âme sincèrement catholique peuvent produire
« de plus sublime et de plus saisissant, nous ne connais-
« sons rien de comparable aux grands airs exécutés par
« M. Simon. C'est alors que dans la fougue de son jeu, les
« poétiques entraînements de ses idées, il communique les
« plus émouvantes sensations à l'auditeur qu'il semble élever
« au-dessus de la sphère de la terre, pour le transporter dans
« les régions d'un monde céleste. Armé de la puissance de son
« instrument, M. Simon vous captive, vous maîtrise et vous
« subjugue avec le même ascendant irrésistible que M. Ber-
« ryer debout à la tribune ou au palais. Ce parallèle n'a rien
« d'étrange ou d'hyperbolique : la musique et l'éloquence
« sont sœurs, nul autre terme de comparaison ne pouvait donc
« mieux traduire ma pensée.
« Le jeu de l'orgue devient dans les mains de M. Simon,
« non plus un métier ou un art, mais une mission véritable.
« M. Cavaillé venait de produire un grand chef-d'œuvre ; à ce
« chef-d'œuvre il fallait un langage nouveau, M. Simon l'a
« créé et propagé avec un étonnant succès, c'est aujourd'hui
« en France celui qu'ambitionnent et parlent les grands or-
« ganistes ; le style de M. Ch. Simon diffère essentiellement
« du style allemand ; il affecte moins la pureté classique, vise
« peu à la symétrie musicale et à une prétentieuse accumu-

« lation des difficultés, plus propres à satisfaire l'amour-propre
« de l'artiste qu'à remuer le cœur de l'auditeur; mais il a plus
« de verve et de coloris, il est plus dégagé dans ses allures,
« plus éloquent, plus populaire. Ajoutons, au risque d'offus-
« quer quelques opinions exclusives, qu'il nous paraît plus re-
« ligieux et élève l'âme à Dieu ; nous ne craignons plus d'af-
« firmer que dans le public français on ne rencontre pas
« deux auditeurs sur cent en état de comprendre et d'appré-
« cier le style fugué, tandis qu'il n'y en a pas deux sur mille
« qui n'aiment et n'admirent le genre de M. Simon; qui a pro-
« fité, en outre, de la connaissance approfondie qu'il a ac-
« quise dans la facture de l'orgue, et de l'influence que lui a
« longtemps assuré sa position dans les régions officielles,
« pour propager les bienfaits de l'industrie de l'orgue, lancer
« les facteurs de talents dans la voie que vient de tracer le
« génie actif de M. Cavaillé, et réveiller en France l'amour de
« l'art chrétien; c'est à son initiative et à son dévoué concours
« que la province doit la plupart de ces admirables instru-
« ments créés et restaurés d'après les principes de la facture
« moderne, dont il avait été nommé inspecteur général. »

1844. — D'importantes réparations ayant été faites à la chapelle royale du palais du Luxembourg, M. le grand référendaire, duc Decaze, jugea convenable d'y introduire un orgue, et d'attacher un organiste à ce service. Le mérite de Ch. Simon l'emporta sur ses concurrents et il fut nommé.

1846. — A cette année se rapporte une lettre d'un des amis de Charles Simon, M. Laforgue, que nous ne pouvons nous empêcher de transcrire, car elle témoigne du dévouement que Ch. Simon ne cessa de montrer pour ses amis, à toutes les époques de sa vie.

« Bordeaux, le 1ᵉʳ avril 1846.

« Cher ami ;

« En allant en Espagne, je me suis arrêté quelques jours à

« Bordeaux; je savais que c'était ton pays natal, puisque tu me
« l'avais dit dans le temps où nous voyagions en Bretagne;
« je me suis informé de toi et j'ai appris que tu étais logé à
« l'hôtel du Commerce tenu par Andrieu, l'ancien Elviou de
« Rouen; je me suis rendu de suite à ton logement, espérant
« bien t'y rencontrer; j'ai appris avec une profonde douleur
« que tu visitais quelques amis du Médoc, j'ai été vivement
« affecté de cette contrariété ; car, après vingt-six ans de sépa-
« ration (1820), j'aurais été bien heureux de te serrer la
« main et de te dire que je n'avais point oublié le triste
« voyage de Dinan à Saint-Malo, sur la *Rance*, où je tom-
« bai si malheureusement dans la mer. Sans toi, mon ami,
« j'étais perdu; c'est à ton courage que je dois la vie, car
« tu n'as point hésité un seul instant de te jeter à l'eau
« pour me sauver. Il ne me reste de cette terrible circonstance
« que le souvenir, bien doux et bien reconnaissant en même
« temps, de ton généreux dévouement pour moi.

« Adieu donc, cher ami, adieu ; n'ayant plus que quelques
« instants à rester ici, tu trouveras cette lettre à ton retour;
« elle ne pourra pourtant pas remplacer le plaisir que j'aurais
« eu à te dire ce que je suis obligé de t'écrire : adieu, cher
« ami, à revoir, je ne sais quand ni où, peut-être à la vallée
« de Josaphat.

« *Signé :* LAFORGUE. »

1847. — Ch. Simon est nommé membre de l'Institut Historique de France.

1848. — La France éprouve une grande secousse politique ; les hommes et les choses changent de face. La République est proclamée. Le citoyen Louis Blanc, chargé du palais national du Luxembourg, fait fermer la chapelle et signifier à Ch. Simon, par sa lettre du 22 mars 1848, la cessation de ses fonctions. Il est aussi destitué de sa place comme inspecteur et vérificateur chargé de la réception de toutes les orgues des cathédrales de France, mission dont l'avait investi S. E. M. le ministre de la justice et des cultes, en 1827.

1849. — Les hommes se succèdent et se remplacent dans le mouvement gouvernemental. La raison commençant à reprendre sa place, la chapelle du palais du Luxembourg fut réouverte, et M. Bineau, alors ministre des travaux public, réintégra, par sa lettre du 4 décembre 1849, Ch. Simon dans ses fonctions d'organiste de la chapelle.

En parcourant la province, en sa qualité d'inspecteur des orgues des cathédrales de France, il ne tarda pas à se faire connaître en imprimant à la musique sacrée le nouvel éclat religieux qu'il y apportait; aussi vit-il bien vite s'élever autour de lui les sympathies générales du haut clergé de France; et les journaux des villes où il se faisait entendre, et que nous avons sous les yeux, retentissaient d'éloges.

Le grand orgue de la cathédrale de Reims venait d'être restauré et renouvelé de fond en comble. Rien n'avait été négligé par la fabrique de cette église pour obtenir un instrument parfait, digne en un mot d'un pareil édifice. L'orgue terminé, Charles Simon est désigné pour aller vérifier les travaux avec l'expert du gouvernement. Une lettre de Son Éminence Thomas, archevêque de Reims, à la date du 15 janvier 1849, et adressée à Charles Simon, nous apprend cette circonstance.

Le 1er mars 1849, un concours eut lieu dans cette église entre dix-sept jeunes organistes qui étaient venus concourir, tant de Paris que de la province, pour obtenir l'emploi vacant. Le jeune Louis Duval, âgé de seize ans, élève de Ch. Simon, était du nombre des concurrents. Le jury, composé d'hommes éminents, tint à ne pas connaître les noms des concurrents, ni l'ordre dans lequel ils subiraient les épreuves ; chacun d'eux avait tiré dans un sac une lettre de l'alphabet, et c'est par cette lettre qu'on les désigna. Après deux jours d'épreuves nombreuses, les voix se portèrent en majorité sur le jeune Louis Duval, qui réunit tous les suffrages et excita l'enthousiasme des assistants. La lettre de M. Duval père, adressée à Charles Simon, ne sera pas déplacée ici.

« Reims, 3 mars 1849.

« Monsieur Simon,

« Je vous annonce, avec une grande joie de père, le succès
« de mon fils, Louis, au concours de Reims ; le jury a trouvé
« que l'élève de M. Charles Simon était le plus organiste, et il
« vient d'être nommé organiste de la cathédrale. Jugez de
« notre bonheur, et quel honneur pour vous et pour lui ! com-
« bien nous vous sommes reconnaissants des conseils que vous
« lui avez donnés ; il partira la semaine prochaine pour Paris et
« ira vous voir et vous conter tout. Il vous demandera encore
« de vos bonnes leçons et reviendra à Reims, à Pâques, pour
« se faire entendre encore mieux qu'hier et avant-hier. Je suis
« fou de bonheur et je finis vite, car un grand nombre de per-
« sonnes sont là à nous complimenter. Louis va vous écrire.
« Adieu, celui qui vous doit tout :

« *Signé* : LOUIS DUVAL père. »

1852. — De nouveaux changements politiques survinrent encore. L'Empire, ayant appelé d'autres hommes, Ch. Simon fut remplacé dans ses fonctions d'organiste de sa chère petite chapelle du Luxembourg, comme il disait toujours ; car ce petit orgue faisait sa joie et ses délices.

1854. — Grâce à la protection affectueuse du cardinal archevêque de Paris, du cardinal archevêque de Bordeaux, de l'évêque de Saint-Flour, de l'évêque de Luçon, de l'évêque de Quimper, de l'évêque de Montpellier et du cardinal de la Tour-d'Auvergne, Sa Sainteté Pie IX accorda à Charles Simon la croix de chevalier de l'ordre de Saint-Silvestre, faveur qui vint le trouver au milieu de ses travaux ; sa nomination fut autorisée par un décret de S. M. l'Empereur, à la date du 20 avril 1854.

1855. — Le 31 mai 1855 la ville de Chartres donna des fêtes pompeuses en l'honneur du couronnement de Notre-Dame-de-Chartres et de la promulgation du dogme de l'Immaculée-Conception. Nous ne pouvons résister au désir de donner place à l'invitation adressée, le 2 mai 1855, au nom de Monseigneur Regnault, évêque de Chartres, à Ch. Simon. On verra dans quels termes flatteurs l'éminent organiste était prié de venir prêter à ces fêtes l'éclat de son talent :

« Monsieur,

« L'évêque de Chartres vient vous demander de vouloir bien
« apporter à la grande solennité du couronnement de notre
« célèbre vierge, que nous préparons pour le 31 mai courant,
« le concours de votre magnifique talent, vous exprimant tout
« le plaisir que vous nous feriez, ainsi qu'à notre population,
« en acceptant de venir vous faire entendre sur l'orgue dans
« cette belle circonstance, sous les voûtes sacrées de notre
« vieille basilique.

« A une fête unique, il faut un organiste unique, et je vous
« l'avoue comme je le pense, si j'ai entendu parfois des
« artistes distingués, je n'en ai jamais entendu qui m'al-
« lassent autant au cœur, surtout quand vous êtes sur votre
« admirable instrument de Saint-Denis ; sans doute, le grand
« orgue de la cathédrale de Chartres est loin de la perfection
« de l'autre, mais cependant, je suis sûr que vous serez pleine-
« ment satisfait de la puissance et de la douceur de ses sons ;
« ainsi, au 31 mai, lorsque la cité sera en fête, que l'orgue
« fasse aussi entendre ses plus joyeux et solennels accords !

« Nous comptons sur vous, Monsieur ; je regrette vivement
« de ne pouvoir vous offrir des honoraires dignes de vous,
« mais nous sommes si pauvres, que c'est un acte de dévoue-
« ment que je vous demande, surtout au nom de Notre-Dame de
« Chartres, la royale sœur de Notre-Dame-des-Victoires, pour
« laquelle vous faites entendre si souvent les plus sublimes
« mélodies.

« J'aurai l'avantage, si vous acceptez notre invitation, de
« vous envoyer assez à temps des billets du chemin de fer,
« me réservant, bien entendu, tout le plaisir de vous recevoir.

« Le programme doit être imprimé d'ici trois à quatre
« jours ; laissez-moi le bonheur d'y mettre votre nom, et de
« pouvoir annoncer ainsi à toute la France que l'orgue de la
« cathédrale de Chartres sera tenue, le 31 mai 1855, par le
« célèbre organiste de l'abbaye de Saint-Denis.

« Veuillez, Monsieur, m'accorder une réponse immédiate,
« et croire à toute l'admiration que je professe pour votre ta-
« lent. »

Ch. Simon se rendit à cette invitation flatteuse, comme l'atteste une lettre de remerciement, qu'il écrivit avec la chaleur ordinaire de son caractère.

1858. — Ses longs services à la maison Napoléon de Saint-Denis, ses talents comme organiste et les demandes faites, à trois époques différentes, par les membres de l'Institut, MM. Auber, Spontini, Halévy, Caraffa, Adolphe Adam et Ambroise Thomas, appuyées aussi par MM. les députés de la Gironde, ainsi que par LL. GG. le cardinal d'Arras, l'archevêque Paris, le cardinal de Bordeaux, l'évêque de Saint-Brieuc, l'évêque de Saint-Flour, et par des lettres du doyen de la Faculté de Paris et du grand chancelier de la Légion d'honneur, lui valurent la plus belle récompense qu'il pût ambitionner :

S. M. l'Empereur le nomma chevalier de la Légion d'honneur, par décret du 30 juillet 1858.

1863. — Ch. Simon fait paraître un livre à la librairie encyclopédique de Roret, intitulé : *Nouveau Manuel complet de l'Organiste, et de la manière d'entretenir l'orgue et de l'accorder soi-même mis à la portée des organistes et des ecclésiastiques*.

Cet ouvrage fit, dès son apparition, un grand bruit. Parmi les sommités musicales qui s'empressèrent de lui accorder leur assentiment, on distingue les suivantes :

M. AMBROISE THOMAS.

« M. Ch. Simon a eu l'heureuse idée de publier un ouvrage
« destiné aux organistes et aux membres des commissions ap-
« pelées à examiner les grandes orgues d'église.

« Cet ouvrage, intitulé *Manuel de l'Organiste expert,* est
« bien conçu, clairement écrit, et me semble devoir atteindre
« le but que l'auteur s'est proposé. »

M. CLAPISSON.

« Je joins avec plaisir mon adhésion à celle de mon collè-
« gue Ambroise Thomas, et je recommande d'une manière
« toute particulière l'ouvrage de M. Ch. Simon, intitulé
« *Manuel de l'Organiste expert,* à l'attention des jeunes or-
« ganistes qui seront appelés à l'importante mission de véri-
« fier et de recevoir un orgue. »

M. CARAFFA.

« Je partage entièrement l'avis de mes honorables con-
« frères, MM. Amb. Thomas et L. Clapisson, et je trouve que
« l'ouvrage de M. Ch. Simon, organiste d'un grand talent, in-
« titulé *Manuel de l'Organiste expert,* peut être d'une très-
« grande utilité aux jeunes organistes, lorsqu'ils seront appe-
« lés à juger les travaux d'un orgue. »

M. LE BARON SÉGUIER.

« Le *Manuel de l'Organiste expert,* de M. Ch. Simon, est
« rédigé avec méthode et une grande clarté. Toutes les par-
« ties d'un grand orgue y sont successivement passées en re-
« vue, et les défauts qui peuvent l'affecter sont signalés.

« La lecture de cet ouvrage permettra aux personnes char-
« gées d'exercer une surveillance sur cet instrument, de

« reconnaître les altérations qui pourront se produire et aussi
« de les prévenir, souvent même de les réparer.
« Nous pensons que M. Ch. Simon a rendu un véritable
« service à tous ceux qui prennent intérêt à la facture de
« l'orgue, en publiant ce *Manuel de l'Organiste expert.* »

Écoutons encore M. Alexis Azevédo, un des rédacteurs du journal l'*Opinion nationale*, du 7 novembre 1863 :

« Aujourd'hui, M. Ch. Simon a soixante-trois ans de ser-
« vice comme organiste, c'est-à-dire qu'il est le doyen des
« organistes de France ; la grâce et l'élégance de son jeu, l'a-
« bondance mélodique de ses improvisations lui ont valu le
« surnom, assurément bien mérité et flatteur, de *Rossini de*
« *l'orgue.*

« Très-souvent, dans le cours de sa noble carrière, M. Ch.
« Simon a été chargé de la mission délicate et difficile de la
« vérification et de la réception des orgues nouvelles. C'est une
« tâche qui demande bien de l'expérience, bien du savoir,
« bien de l'équité. M. Ch. Simon s'en est toujours tiré à la
« satisfaction générale ; ne voulant pas laisser se perdre les
« résultats de sa vieille expérience et de son grand savoir, il
« vient de publier à la librairie Roret un *Manuel de l'Orga-*
« *niste expert* destiné, nous le croyons bien, à régler la ma-
« tière, et à devenir le *vade-mecum* de toutes les personnes
« qui s'occupent de l'instrument sacré. »

Nous nous plaisons à ajouter à ces hauts témoignages d'estime et d'admiration, qu'il reçut sous diverses formes, ceux de MM. Spontini, Rossini, Adolphe Adam, Reicha, Panseron, Elwart, Berlioz, Louis Roger, P. Érard, Cavaillé Coll, Kalkbrenner, Lefébure-Wély, J^h Felon, Brascassat, Monseigneur Coquereau, et de beaucoup d'autres célébrités qui furent ses contemporains et ses amis.

Nous trouvons encore une lettre des plus aimables, de son compatriote et vieux ami Garat, célèbre chanteur de l'Opéra-Comique, que nous avons lue avec beaucoup d'intérêt.

Hélas! ce fut au milieu de tant de preuves d'affection, et lorsqu'il se livrait à de nouveaux travaux avec une activité rare et une surprenante jeunesse de cœur et d'esprit, que la mort vient de le surprendre....

Le dimanche 27 mai 1866, il toucha l'orgue de Notre-Dame-des-Victoires et rentra chez lui bien fatigué. L'auteur de cet opuscule, son ami de longues années, passa la soirée avec lui en famille. C'était, hélas! pour la dernière fois. Le jeudi 31, lorsqu'il vint pour le revoir, il le trouva sur son lit de mort : il n'existait plus.

Ses obsèques eurent lieu le samedi 2 juin 1866, au milieu d'un grand concours d'assistants et de célébrités de tous genres. L'office divin fut célébré à l'église de Notre-Dame-des-Victoires, qui avait demandé cette faveur (car le défunt ne demeurait pas sur cette paroisse); elle voulut donner un gage d'amitié et un dernier adieu à celui qui pendant quarante ans avait accompagné leurs prières et leurs chants jusqu'aux pieds de l'Éternel.

La messe fut chantée avec pompe, avec recueillement, avec toute la convenance due à l'artiste éminent et à l'homme de bien... Le convoi quitta l'église pour se rendre au cimetière Montparnasse. M. l'abbé Cassagne, vicaire de l'église Saint-Germain-l'Auxerrois, voulant aussi payer à sa famille le tribut de sa profonde et constante amitié, demanda l'autorisation à M. le curé de Notre-Dame-des-Victoires de réciter la prière de l'absoute, et d'accompagner son ami jusqu'à sa dernière demeure, pour adresser au ciel, en ce moment suprême, les prières de l'Église.

Trois discours furent prononcés sur la tombe de Charles Simon; nous nous faisons un devoir de les reproduire, parce que, si humbles qu'ils soient, ils rappellent ce que fut cet homme de cœur, et comment il avait mérité l'estime et les profonds regrets de ses innombrables amis.

Le premier fut prononcé par M. Dumoulin, compatriote et vieil ami du défunt :

« Messieurs,

« Nous venons d'entendre le bruit lugubre d'un cercueil....
« dernier bruit de l'homme sur la terre.

« Ce bruit a naturellement fixé vos idées sur celui que nous
« pleurons, qui a tous nos regrets et que nous accompagnons
« à sa dernière demeure. Pour ma part, je viens déposer sur ce
« cercueil, comme ancien ami et compatriote de Charles Si-
« mon, tant au nom de sa famille éplorée qu'en celui de ses
« nombreux amis de Bordeaux, l'expression de notre vive
« douleur.

« Ah! Messieurs, à la vue de cette noble dépouille nous de-
« vons et nous pouvons, avec vérité, appliquer à notre ami
« cette belle pensée de Bossuet :
« *Celui-là qui aura possédé l'amour et l'affection des hom-*
« *mes dans cette vallée de larmes, pourra s'éteindre avec tran-*
« *quillité et confiance, car leurs sympathies sont les précur-*
« *seurs certains du saint amour de Dieu.* »

« Eh bien! Messieurs, vous tous qui l'avez connu, aimé,
« estimé, qui mieux que lui, je vous le demande, méritait
« qu'on lui appliquât ces consolantes paroles?.. Excellent époux,
« bon père de famille... Ami dévoué, conduite admirable et
« bon chrétien... Ah! toutes ces qualités précieuses ont bien
« des droits à nos éternels regrets, mais elles nous pénètrent
« aussi, comme consolation, de la douce certitude et de l'intime
« confiance que Dieu a reçu sa belle âme dans toute la plé-
« nitude de sa miséricorde.

« Oui, Messieurs, élevons nos cœurs vers le ciel, avec toute
« l'expression de la prière du *De Profundis*, dont la famille fait
« un appel à chacun de nous, pour que cette prière arrive
« nombreuse et ardente au trône de l'Éternel, et y accompagne
« son âme, afin que, dans sa bonté infinie, Dieu accorde toute
« félicité à celui qui fut si bon sur la terre. »

« Messieurs, — dit ensuite M. Gaudet, chef de l'enseigne-
ment à l'Institution impériale des Jeunes-Aveugles. —

« Pour parler convenablement de tout homme qui a su par

« ses talents se faire un nom parmi ses contemporains, il faut
« l'avoir vu aux prises avec les mille difficultés qui furent iné-
« vitablement semées sur sa route ; il faut aussi posséder soi-
« même les qualités nécessaires pour le bien apprécier, deux
« conditions qui me sont étrangères ; laissons donc à de mieux
« informés que moi et à des voix plus autorisées que la
« mienne, le soin de retracer la carrière de Charles Simon, de
« dire par quel chemin il parvint au sommet de son art,
« comment il mérita d'être organiste du Chapitre impérial de
« Saint-Denis, de l'église Notre-Dame-des-Victoires ; comment
« il devint l'un des professeurs éminents de son temps, com-
« ment il acquit les insignes de chevalier de la Légion d'hon-
« neur et de l'ordre de Saint-Sylvestre. Je viens remplir une
« tâche plus modeste et plus en rapport avec les relations que
« je me félicite d'avoir entretenues avec l'artiste distingué, avec
« le savant professeur. Je viens, au nom de l'Institution impé-
« riale des Jeunes-Aveugles, au nom de ses professeurs, au nom
« de ses jeunes élèves exprimer leur reconnaissance et leurs
« regrets. Jamais, en effet, l'Institution des Jeunes-Aveugles,
« jamais aucun de ses membres ne demanda en vain un ser-
« vice à Charles Simon, jamais Charles Simon ne leur refusa
« ou leur fit attendre un service ; de lui-même, il allait au de-
« vant de nos désirs, soit qu'il s'agît de nous éclairer de ses
« lumières, ou de nous gratifier de ses conseils dans les cir-
« constances où ses lumières et ses conseils nous devenaient
« nécessaires ; combien de fois aussi il s'efforça d'aider nos
« jeunes élèves, habiles déjà dans l'art de l'organiste, à conqué-
« rir une place dans le monde ; il aimait à leur ouvrir les voies,
« à leur aplanir les destinées. Eh bien ! Messieurs, toutes les
« fois que vous trouverez dans un homme de telles disposi-
« tions, dites sans crainte : il y a là évidemment un cœur
« élevé, dites aussi : il y a certainement un grand artiste, car
« la médiocrité ne procède pas ainsi.

« Oh ! oui, nous sommes reconnaissants, et notre mémoire
« sera fidèle. Ch. Simon, reçois-en l'assurance, en même
« temps que nos tristes regrets d'adieu ! »

M. Louis Roger, rédacteur en chef de la *Semaine musicale*, envoya le discours suivant, qui fut lu par M. Dumoulin :

« Messieurs,

« Un devoir impérieux me retenant loin de Paris, je ne se-
« rai pas des vôtres à l'heure où vous confierez à la terre la
« dépouille de l'honnête homme qui s'appelait Charles Simon.
« L'amitié qui m'unissait à lui me commandait de rappeler
« sur sa tombe toutes les qualités de son grand cœur. Ce
« n'est pas seulement dans les rencontres de la vie publique
« que j'ai connu Charles Simon, c'est dans l'intimité de la fa-
« mille, là où l'affection des proches éclaire d'une douce lu-
« mière toutes les vertus d'un homme. Si je n'avais à exalter
« que son mérite comme artiste, j'hésiterais véritablement à
« vous entretenir sur cette tombe des talents dont l'éclat s'é-
« vanouit devant la mort; mais dans ce cœur qui ne bat plus,
« dans cette poitrine tant de fois émue par les beautés de l'art,
« il y avait autre chose que le sentiment du musicien con-
« vaincu ; il y avait une générosité inépuisable, un trésor d'af-
« fections dont les années n'avaient pu altérer la jeunesse, une
« conscience pure et une inviolable fidélité à tous les devoirs
« que l'homme de bien s'impose dans la famille et dans la
« société.
« Ce que j'ai particulièrement admiré dans ce vieillard, dont
« la sérénité nous permettait de dire avec le poète :

« Rien ne trouble sa fin, c'est le soir d'un beau jour, »

« ce que nous admirions, disions-nous, c'est la constance
« et la fermeté de ses idées. Charles Simon était la droiture
« même, attaché à ses amis et à ses principes sur l'art, il igno-
« rait les complaisances faciles qui souvent, parmi nous, font
« déserter les meilleurs ; la cause de la justice et du droit le
« trouvait toujours debout, enthousiaste comme en ses jeunes
« années, disposé à la bataille, comme aux meilleurs temps
« de ses ardeurs méridionales.

« Jamais, Messiurs, je ne l'ai vu trahir une amitié, ni
« abandonner un principe; il avait la grandeur de ces hom-
« mes d'autrefois, pour qui toute affection était marquée du
« sceau de l'indissolubilité ; de là cette belle franchise qui s'é-
« panchait de ses lèvres, impétueuse comme un torrent ; de
« là aussi la considération, l'estime, les amitiés sincères qui
« escortaient son admirable vieillesse.

« L'exemple de cette fermeté dans les idées et dans
« les affections ne doit pas être perdu pour nous. Si l'on
« a pu reprocher à quelques artistes le caprice et l'ins-
« tabilité de caractère, que ce ne soit pas du moins dans
« les choses sérieuses de la vie. Apprenons de cet homme
« de bien à marcher droit dans tous les chemins qui s'ouvri-
« ront devant nous; que tout ce qui est grand, beau et
« juste nous trouve au poste que l'intelligence et les talents
« nous ont assigné.

« La famille fut un culte pour Charles Simon; l'amitié, l'in-
« fortune, les arts, possédèrent tout son cœur. Aimons
« comme il a aimé les siens, nos compagnons de voyage,
« soyons secourables à tous les malheurs et attachons-nous à
« répandre sur tous les hommes ce qu'il y a de meilleur dans
« l'art musical, dont plusieurs parmi nous sont les vulgarisa-
« teurs et les apôtres.

« L'hymne éternel a commencé pour Charles Simon : que
« nos adieux et nos larmes trouvent un écho dans les pha-
« langes célestes. Voix d'en haut, voix de la grande patrie, ac-
« cueillez favorablement le vieux musicien qui vous aspirait
« sur la terre, retentissez harmonieuses à ses oreilles et dites-
« lui, dans votre langage auguste, que nos regrets ne sont
« atténués que par l'espérance de le retrouver dans le sein de
« l'Éternel, à la droite des illustres maîtres et parmi les plus
« dignes des hommes. »

Le 3 juin 1866, le Chapitre impérial de Saint-Denis annonça
à la famille du défunt qu'un service funèbre serait célébré le
vendredi suivant pour le repos de l'âme de Ch. Simon, voulant,

disait-il, être le premier à donner un témoignage de sa profonde amitié à celui qui, pendant si longtemps et avec tant d'éclat et de renom, avait donné, dans cette basilique, une harmonie si belle et si religieuse à la prière de l'orgue, qui frappait toujours d'admiration les assistants qui ne pouvaient parler de la magnificence de cette église sans citer son organiste Ch. Simon. La sainte messe eut lieu avec une grande pompe, accompagnée des chants plaintifs de la musique, et dans le recueillement le plus profond de ses nombreux assistants. Tout, dans cette triste et solennelle cérémonie, portait le caractère de la sévérité, de la douleur et de la mort.

Nous qui avions maintes et maintefois entendu la voix mélodieuse de l'orgue s'associer sous toutes les diversités d'accompagnement aux louanges adressées à Dieu ;

Nous qui avions si souvent admiré le génie si profond de l'ordonnateur du puissant instrument dont il guidait les sons avec tant de charme, tantôt en nous plongeant dans la douleur, tantôt dans l'enthousiasme du bonheur et de la joie..... Ah! combien est cruelle la perte de ceux qu'on a aimés et avec qui on a marché longtemps dans la vie!...

Nous qui étions si fiers de l'amitié de Ch. Simon, nous regardions l'orgue... mais, hélas! l'orgue était muet ce jour-là... et son silence, se mêlant à nos regrets, nous faisait comprendre la terrible vérité.....

Bordeaux, sa ville natale, a, elle aussi, ressenti la grandeur de la perte qu'elle a subie ; elle a fait parvenir à la famille de Charles Simon, l'expression de ses regrets et de sa douleur, par l'organe du *Journal de Bordeaux* du 13 juillet 1866. Voici l'équitable témoignage des sentiments de la feuille bordelaise :

NÉCROLOGIE.

« Nous avons la douleur d'annoncer la mort de l'un de nos
« éminents compatriotes, M. Ch. Simon, qui vient de décéder
« à Paris, dans sa soixante-dix-huitième année.

« Le célèbre compositeur de musique sacrée tint pendant

« de longues années, à Bordeaux, le premier rang parmi nos
« grands artistes, et notre ville se souvient avec quelle distinc-
« tion il se trouvait jadis à l'orgue de notre délicieuse église
« de Saint-Seurin.

« Issu d'une modeste mais très-honnête famille, enfant de
« ses œuvres, il sentit que Dieu lui avait donné le feu sacré et
« le talent qui le conduisirent au succès; il se dirigea vers la
« capitale, où, bientôt apprécié, il fut nommé organiste du
« Chapitre impérial de l'église de Saint-Denis et de celle de
« Notre-Dame-des-Victoires, inspecteur des orgues de France,
« professeur d'harmonie à la maison Napoléon, chevalier de la
« Légion d'honneur et de divers ordres étrangers, et membre
« de l'Institut historique de France; sa modestie le rendit
« confus des nombreux honneurs dont il était justement en-
« vironné.

« Doué d'une forte constitution et d'une noble intelligence,
« il remplissait, il y a encore peu de semaines, avec une rare
« activité, tous les emplois qui étaient confiés à son beau ta-
« lent.

« M. Ch. Simon résumait en lui toutes les vertus civiques
« et privées; comme citoyen, il portait son culte à l'honneur
« et à la prospérité de la France; comme compatriote, il ne
« parlait de Bordeaux, sa ville natale, ou de ses amis d'en-
« fance, qu'avec des larmes de bonheur. Sa mémoire restera
« impérissable dans le cœur de tous ceux qui ont été à même
« d'apprécier cette nature d'élite, ce caractère taillé à l'anti-
« que, ce cœur primitif qui ne pratiquait que le bien, et ne
« soupçonnait pas que le mal pût exister dans la société hu-
« maine.

« Puissent ces tristes lignes et les regrets de sa ville natale
« porter quelques consalations dans sa famille éplorée ! »

Paris, Bordeaux, Reims, Rouen, Luçon, Digne, Marseille,
Saint-Flour, Quimper, Arras, Montpellier, etc., etc., ont ré-
pondu au cri de la douleur, et exprimé les mêmes sentiments,
les mêmes regrets, les mêmes condoléances.

Que la manifestation instantanée de tant d'affectueux regrets et de profondes sympathies, s'adressant de tous côtés à la veuve et aux enfants de Charles Simon, portent quelque adoucissement à leurs cœurs brisés par la plus légitime des douleurs !

Et nous, qui écrivons ces lignes sans autre prétention que le souvenir d'une réciproque et vieille amitié avec notre excellent et regrettable ami, nous avons, après nos nombreuses recherches, pris la plume, en toute humilité, comptant sur l'indulgence de tous, et seulement pour rendre hommage à la mémoire de l'homme éminent que nous pleurons, et qui par son grand génie honore la France et l'Église catholique.

Puissent les éminentes qualités de Ch. Simon, que nous venons de rappeler si imparfaitement à sa famille, mais dont elle doit être fière, apporter aussi un adoucissement à sa douleur ! Qu'elle se rappelle enfin le tribut de pleurs et de regrets, qu'une foule immense déposait naguère sur sa tombe vénérée, et qu'elle se réfugie dans ces sublimes et fortifiantes paroles du poète chrétien (1) :

« Les larmes de ceux qui sont éprouvés sur cette terre ne
« sont point perdues..... La religion les reçoit dans son urne
« sacrée, pour en faire une offrande à l'Éternel..... »

J.-B. DUMOULIN.

Paris, 28 juin 1866.

—FIN—

(1) Châteaubriant.

www.ingramcontent.com/pod-product-compliance
Lightning Source LLC
Chambersburg PA
CBHW060952050426
42453CB00009B/1160